Gaby Reucher

Zauberhafte Drehlampen selber machen

AUGUSTUS

Inhalt

Wie funktioniert eine Drehlampe?

Die Drehlampen bestehen aus einem Gestell mit drehbarem Innenzylinder, auf dem verschiedene Motive ausgeschnitten und mit Transparentpapier hinterklebt sind. Durch die aufsteigende Wärme der Glühbirne setzt sich der Innenzylinder in Bewegung. Dabei werden die farbigen Motive vom Licht auf den Außenschirm projiziert, wodurch sie entsprechend der Drehung des Innenzylinders über den Lampenschirm »wandern«.

Materialien und Werkzeuge

Sämtliche Werkzeuge und Materialien, die Sie für den Bau einer Drehlampe benötigen, sind in Baumärkten oder im Hobby- und Bastelbedarf erhältlich.

• Tipp •

In den Materiallisten für die jeweiligen Modelle (»Das wird gebraucht«) werden die hier genannten Bauelemente und Werkzeuge nicht mehr extra erwähnt, da sie für alle Lampen in gleicher Weise benötigt werden.

Materialien

Für das Gestell:

- vier 20 cm lange Abschnitte einer Winkelleiste aus Holz (28 x 28 mm) für die Eckpfeiler der Lampe
- acht 16,5 cm lange Abschnitte einer Holzleiste mit quadratischem Profil (ca. 15 x 15 mm) für den oberen und unteren Rahmen der Lampe
- eine etwa 15 cm lange Holzleiste (ca. 30 x 13 mm) zur Befestigung der Glühbirnenfassung
- ein ca. 24 cm langer Metallstab (Durchmesser 1,5 bis 2 mm) als »Aufhängung« für den Innenzylinder (hervorragend geeignet sind hierfür die Metall-Kleiderbügel von der Reinigung)
- eine leere Kunststoff-Kugelschreibermine

- eine Glühbirnenfassung mit Metallwinkel (»Winkelfassung mit Ring E 14«)
- eine 40-Watt-Glühbirne mit E-14-Gewinde
- 2 m langes fertiges Kabel mit Schalter und Stecker (»Eurozuleitung mit Zwischenschalter«)
- zwei kleine Holzschrauben (ca. 1 cm lang)

- schnelltrocknender Dekorlack in der Farbe Ihrer Wahl (z. B. »Marabu« – trocknet in wenigen Minuten und ist in nassem Zustand noch wasserlöslich)

Für die Außenwände:
- Regenbogentransparentpapier oder einfaches Transparentpapier in verschiedenen Farben als Hintergrund
- schwarzes Tonpapier für die Scherenschnittmotive
- Tonpapier in verschiedenen Farben für die bunten Motive

Für den Innenzylinder:
- zwei Stück Fotokarton (je 16 x 16 cm, Stärke 300 g/m²) für das Lamellenrad und den Stabilisierungsring unten
- ein Stück Alufolie (16 x 16 cm) für das Lamellenrad
- ein Streifen Künstlerkarton oder Tonpapier (15,5 x 47 cm, Stärke: 170 g/m²) für den Zylinder
- eine Hutmutter aus Kunststoff (am besten Größe M 6) zum Aufsetzen des Zylinders auf dem Metallstab mit Kugelschreiberspitze

Werkzeuge und Hilfsmittel

Für das Lampengestell:
- Hammer
- Holzsäge
- kleine Nägel, z. B. sogenannte Rahmennägel (mindestens 2 cm lang)
- Holzleim
- Bleistift
- Lineal
- Kombizange
- kleiner Borstenpinsel
- Schmirgelpapier

Für die Außenwände:
- Papierschere
- hitzebeständiger Klebstoff (am besten UHU »Kraft«)
- Lineal
- Bleistift
- Papiermesser (auch als »Grafik-Skalpell« bezeichnet)

Für den Innenzylinder:
- wie für die Außenwände (siehe oben), zusätzlich:
- ein Zirkel

Grundtechniken für den Lampenbau

Lampengestell

Sägen Sie von der Winkelleiste (im Baumarkt werden meist nur 2 m lange Leisten angeboten) vier 20 cm lange Stücke für die Eckpfeiler, also die Lampenbeine, ab. Die Sägeflächen an den Enden werden mit Schmirgelpapier geglättet. Von der quadratischen Leiste sägen Sie acht Stücke mit 16,5 cm Länge ab. Auch hier wieder die Unebenheiten

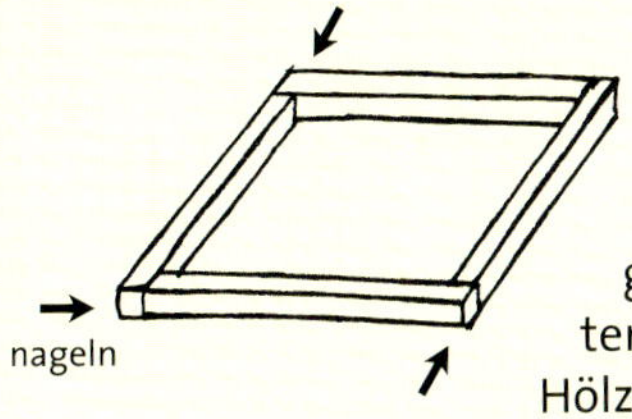

an den Sägeflächen mit Schmirgelpapier glätten. Jeweils vier Hölzer werden dann zu einem quadratischen Rahmen zusammengefügt (siehe Zeichnung).

Damit die Rahmen in sich stabil sind, werden die Stücke an den Enden verleimt und am besten zusätzlich mit kleinen Nägeln an allen vier Ecken festgenagelt.

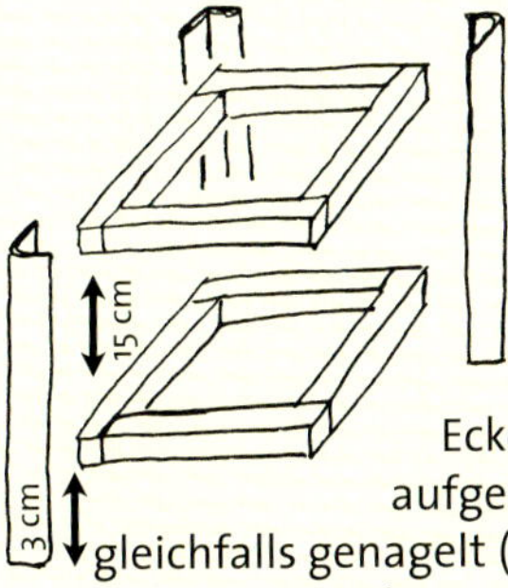

Ebenso werden jetzt die vier Winkelleisten als Lampenbeine an den Ecken der Rahmen aufgeleimt und gleichfalls genagelt (siehe Zeichnung und Foto).

Der obere Rahmen schließt bündig mit dem Ende der Winkelleisten ab, der untere Rahmen wird 15 cm tiefer angebracht, so dass für die Lampenfüße

ganz unten etwa 3 cm der Winkelleiste übrigbleiben.

Zur Befestigung der Lampenfassung für die Glühbirne wird ein Stück der etwa 30 x 13 mm starken Holzleiste horizontal im unteren Rahmen eingepasst. Messen Sie deshalb den Abstand zwischen zwei gegenüberliegenden Seiten im Rahmen noch einmal mit dem Lineal nach und sägen Sie dann die Leiste entsprechend zu.

Anschließend wird das fertige Kabel mit der Fassung verbunden. Sollten Sie die Kabel, Schalter und Stecker nur einzeln bekommen, ist Ihnen ein Fachhändler sicherlich gerne beim Zusammenbau

• Tipp •

Die Nägel am besten schon vor dem Verleimen leicht ins Holz einschlagen, damit nur noch ein, zwei Schläge nötig sind und das Ganze nicht durch den noch feuchten Leim wieder verrutscht.

behilflich. Schrauben Sie jetzt die Lampenfassung mit dem Metallwinkel genau mittig an der Holzleiste fest (siehe Foto).

Als Aufhängung für den Innenzylinder muss nun noch der Metallstab an der Holzleiste befestigt werden. Schlagen Sie dazu etwa 2,5 cm neben der Fassung mit einem dicken Nagel ein passendes Loch für den ca. 2 mm dicken Stab. (Am besten funktioniert das noch, bevor man die Fassung fest montiert hat.)

Biegen Sie den etwa 24 cm langen Stab wie in der Zeichnung gezeigt um die Holzleiste. Anschließend kann die mit Eisenstab und Lampenfassung montierte Leiste mittig in den unteren Rahmen eingeleimt und -genagelt werden.

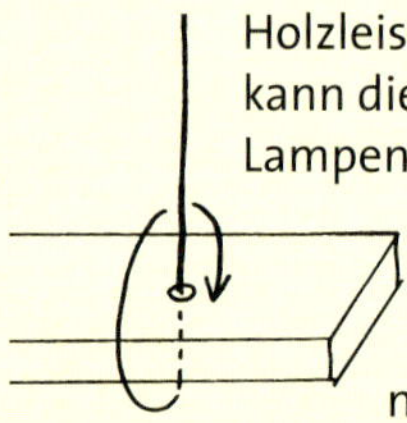

Mit einer Zange kneifen Sie jetzt von einer leeren Kugelschreibermine aus Kunststoff das obere Stück ab. Die Kunststoffhülse der Mine lässt sich genau über die Spitze des Metallstabs stecken. Damit erhält der Stab einen Aufsatz, durch den sich der Innenzylinder der Lampe optimal drehen kann, weil er auf der Kugel der Mine aufliegt.

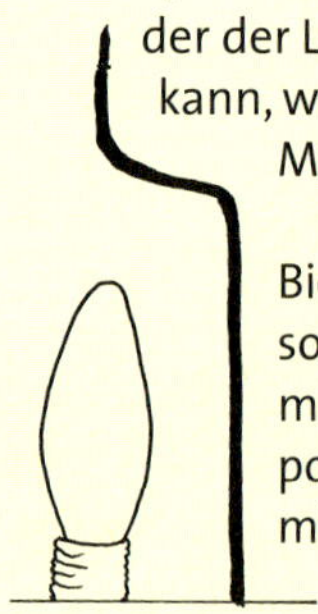

Biegen Sie den Stab daher so zurecht, dass die Spitze mittig über der Glühbirne positioniert ist – und zwar mit etwa 2 cm Abstand zur Birne, damit das Gestänge nicht zu sehr erhitzt wird (siehe Zeichnung).

Sollte der Stab zu lang sein, wird er mit Säge oder Zange gekürzt; ist er zu kurz, kann man ein längeres Stück der Kugelschreibermine aufstecken.

Die Feinjustierung nehmen Sie erst vor, wenn der Innenzylinder fertig ist, damit alles genau aufeinander abgestimmt werden kann.

• Tipp •

Sehr gut geeignet für den Stab sind die Metall-Kleiderbügel von der Reinigung, aus denen sich das entsprechende Stück heraussägen oder mit einem Seitenschneider abkneifen lässt.

Innenzylinder

Die durch den Betrieb der Glühbirne entstehende Wärme steigt nach oben und dreht den Innenzylinder der Lampe, der auf der Spitze der Kugelschreibermine sitzt. Das funktioniert über ein Lamellenrad als Zylinderdeckel – ähnlich wie bei einer Weihnachtspyramide.

• Tipp •

Statt der Konstruktion aus Metallstab und Kugelschreibermine können Sie auch eine Stricknadel der Stärke 3,5 für die Aufhängung verwenden. Die abgerundete Spitze erfüllt den gleichen Zweck wie die Spitze der Kugelschreibermine. Allerdings muss hier vorher genau gemessen werden, da sich die Spitze nachträglich nicht mehr in der Länge anpassen lässt.

Lamellenrad

Schneiden Sie das Lamellenrad nach der Vorlage (siehe Seite 8) aus Fotokarton der Stärke 300 g/m² zu.

• Achtung •

Wenn Sie die Vorlage seitenverkehrt übertragen, liegen die Falzlinien auf der anderen Seite, und der Zylinder der fertigen Lampe dreht sich in die andere Richtung. Bei Motiven mit einer »Richtung« und Schriftzügen ist die korrekte Drehrichtung wichtig.

Anschließend kleben Sie an der Unterseite des Rads einen mit 14 cm Durchmesser aus Alufolie ausgeschnittenen

Kreis auf – zum Schutz des Kartons bei starker Hitzeentwicklung. Nun schneiden Sie die Lamellen an den durchgezogenen Linien ein; entlang der gestrichelten Linien werden sie im Winkel von 45 Grad nach hinten genickt. Den Zackenrand knicken Sie rechtwinklig nach unten um (siehe Fotos).

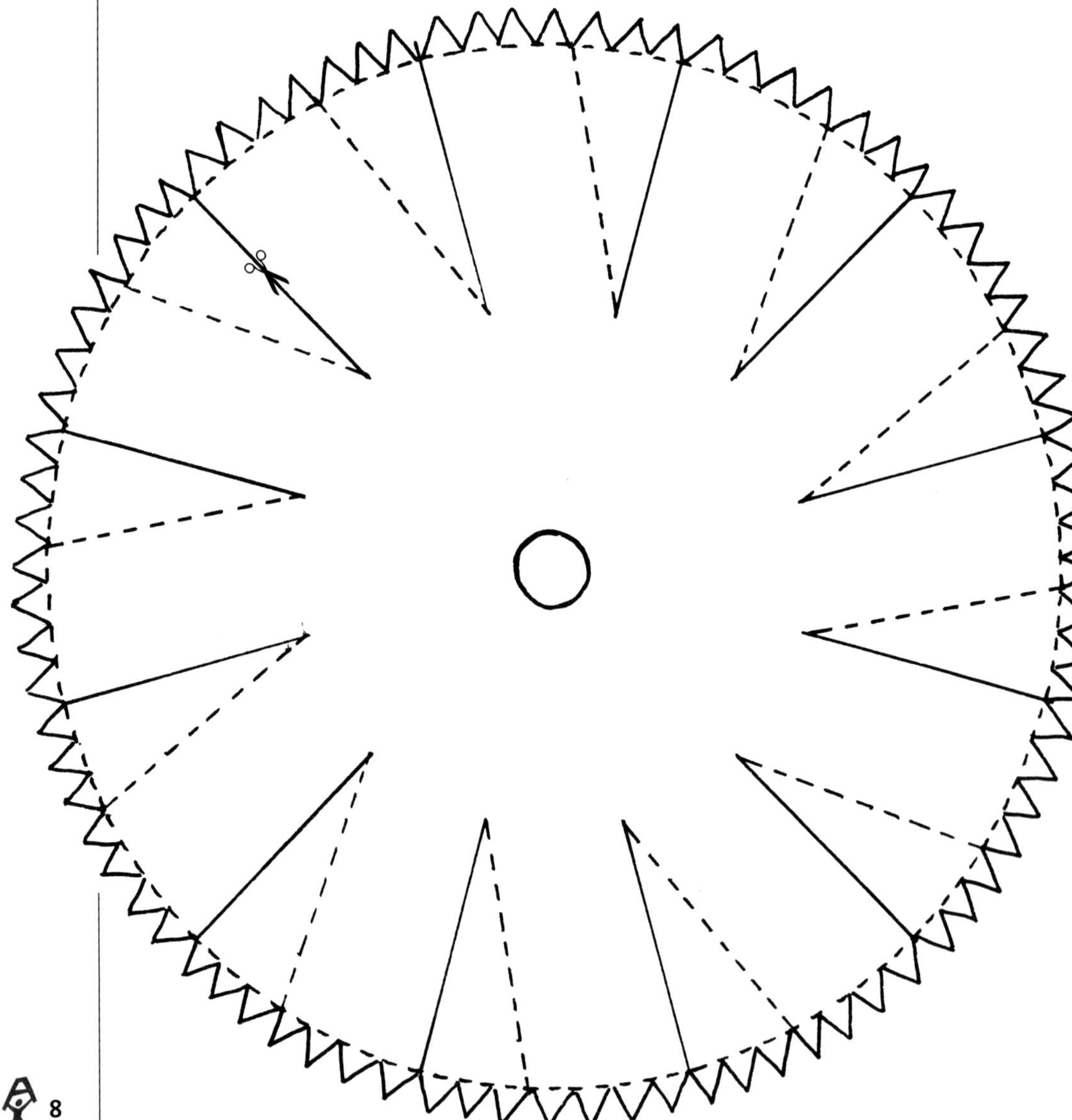

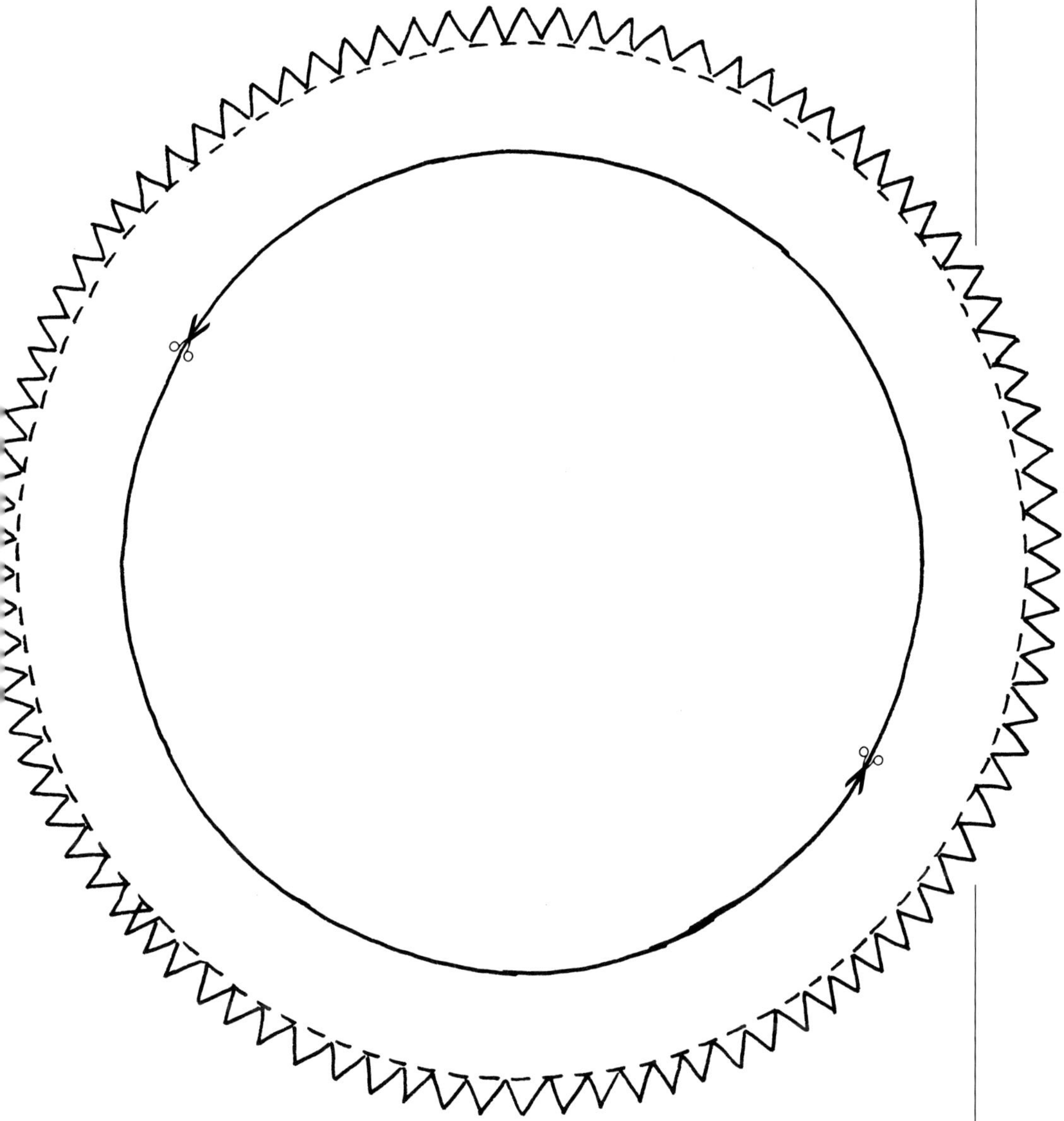

Stabilisierungsringe

Um den gezackten Rand des Rades zu stabilisieren, schneiden Sie einen 1,5 cm breiten und 46 cm langen Streifen aus Tonpapier zurecht – am besten in der gleichen Farbe wie das Lamellenrad. Damit umkleben Sie den Zackenrand (siehe Zeichnung).

Für den unteren Rand des Zylinders benötigt man noch einen Bodenring zur Stabilisierung der Form. Dieser wird in gleicher Größe wie das Lamellenrad nach der Vorlage (siehe Seite 9) ausgeschnitten.

Die Zacken im rechten Winkel nach oben umknicken und wie beim Zylinderdeckel mit einem Papierstreifen umkleben.

Zylinderwand

Jetzt fehlt nur noch die Zylinderwand. Dazu benötigen Sie einen 15,5 x 47 cm großen Streifen aus Tonpapier, meist in Schwarz. Daraus werden die jeweiligen Motive für die Drehlampe mit einem Papiermesser ausgeschnitten und mit verschiedenfarbigem Transparentpapier hinterklebt.

Achten Sie darauf, die Motive auf der Außenseite des Zylinders aufzuzeichnen – sonst erscheinen sie seitenverkehrt und »laufen« unter Umständen rückwärts.

Falls Sie die Motive lieber auf der Innenseite auftragen wollen, um Bleistiftspuren zu vermeiden, muss die Vorlage entsprechend spiegelverkehrt verwendet werden.

Außerdem ist beim Aufzeichnen der Motive immer oben und unten ein Rand von am besten 2 cm, an den Enden von etwa 1 cm für die Verbindungsstellen frei zu lassen.

Fertigstellen

Erst, wenn alle Motive mit Transparentpapier hinterklebt sind, werden das Lamellenrad oben und der Bodenring unten mit dem Tonpapier ummantelt und an den Rändern gut verklebt.

Benützen Sie dafür nur hitzebeständigen Klebstoff, z. B. UHU Kraft.

Anschließend stechen Sie mit einer Nadel durch die Mitte des Lamellenrades und schneiden an dieser Stelle ein Loch aus. Das Loch muss so groß sein, dass sich von unten eine Kunststoff-Hutmutter der Größe M 6 durchstecken lässt, die an den Rändern noch verklebt wird.

Wenn alles richtig ausjustiert ist, dreht sich der Innenzylinder bei eingeschalteter Lampe frei schwebend auf der Spitze der Kugelschreibermine – ohne anzustoßen.

• Tipp •

● Die Hutmutter und die Kugelschreiberspitze sind – im wahrsten Sinne des Wortes – Dreh- und Angelpunkt der Lampe. Wenn Sie andere Hutmuttern verwenden, achten Sie darauf, dass diese innen weder zu spitz zulaufen noch zu weit und eckig geschnitten sind (siehe Zeichnung), damit die Kugelschreiberspitze nicht stecken bleibt oder keinen Halt findet.

● Hutmuttern aus Metall machen den Zylinder schwerer, und er dreht sich langsamer.

Sofern Sie nach den Vorlagen gearbeitet haben, ziehen die Motive des Innenzylinders in der Projektion auf dem Außenschirm von rechts nach links am Betrachter vorbei.

Außenwände

Die Außenwände bestehen aus Regenbogentransparentpapier oder einfachem Transparentpapier, das von hinten an den Eckleisten der Lampe aufgeklebt wird.

Messen Sie dazu nochmals die Höhe und Breite der jeweiligen Felder aus (etwa 15 x 15 cm) und schneiden Sie die

vier Papierstücke mit etwas Zugabe an den seitlichen Rändern zu. Sollte Ihnen einfaches Transparentpapier zu durchsichtig erscheinen, müssen Sie es doppelt nehmen.

Die Motive, mit denen die Wände beklebt sind, werden je nach Modell aus schwarzem oder buntem Tonpapier ausgeschnitten. Bis auf das Modell »Vier Jahreszeiten« (siehe Seite 29) sind die Außenwandmotive auf allen vier Seiten gleich und müssen daher vierfach angefertigt werden.

Es empfiehlt sich, zunächst die Motive auf die Transparentpapierstücke zu kleben und dann erst die fertigen Wände seitlich an den Winkelleisten zu befestigen.

• Tipp •

Sie können nach Belieben auch plastische Elemente, z. B. Wackelaugen (siehe Dino-Lampe Seite 25), auf den Außenschirm kleben.

Stadt bei Tag

Vorlagenbogen Seite A

Die Stadt ist auf dem Außenschirm als Scherenschnittmotiv zu sehen. Die Sonne, ein Schmetterling, ein Flugzeug, ein Drachen und Wolken auf dem Innenschirm verdeutlichen die Tagesszenerie und ziehen am Betrachter vorüber.

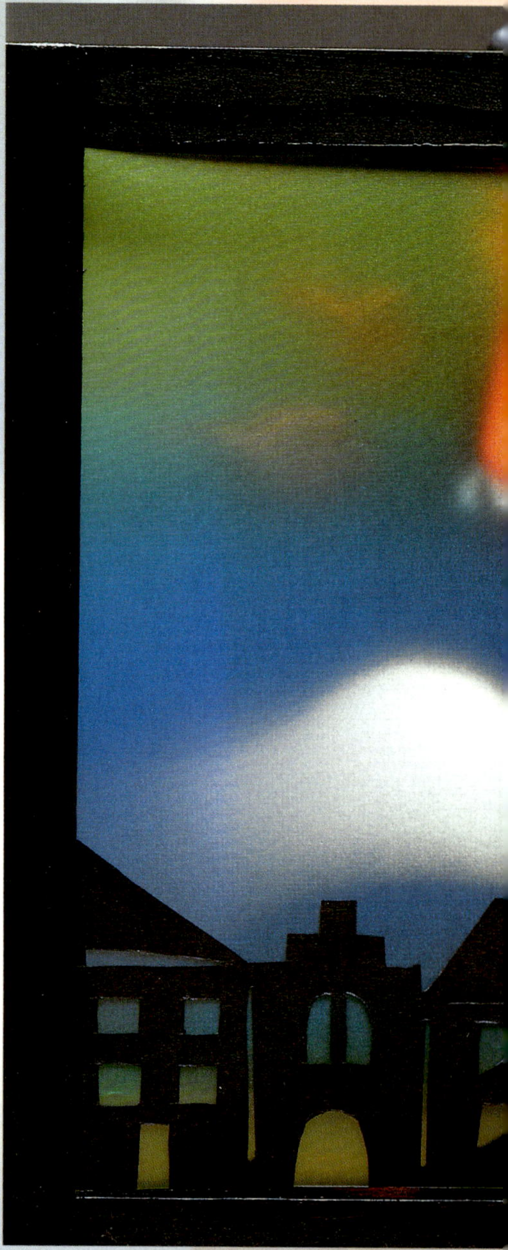

Das wird gebraucht

- Dekorlack, schwarz (Gestell)
- Fotokarton, schwarz (Innenzylinder)
- Tonpapier, schwarz (Zylinderwand/Außenschirmmotiv)
- Transparentpapier, weiß, gelb, rot, blau, grün, orange, lila und braun (Innenzylinder)
- Regenbogentransparentpapier, blau/grün (Außenschirm)

So wird's gemacht

Zunächst bauen Sie das Lampengestell wie im Technik-Kapitel (siehe Seite 4ff.) beschrieben; es wird mit schwarzem Dekorlack gestrichen. Für den Innenzylinder bereiten Sie das Lamellenrad und den Stabilisierungsring wie beschrieben vor (siehe Seite 7ff.). Anschließend übertragen Sie die Motive mit Bleistift auf den Tonpapierstreifen für den Zylinder. Achten Sie auf die Abstände an den Rändern, die frei bleiben müssen!

Jetzt werden die Motive mit einem scharfen Papiermesser ausgeschnitten. An manchen Stellen – z. B. zwischen

Körper und Flügel des Schmetterlings – bleiben nur kleine Papierstege stehen. Schneiden Sie dort besonders vorsichtig, damit Sie das Motiv nicht beschädigen.

Die Sonne mit gelbem Transparentpapier, die Wolken weiß und das Flugzeug grün hinterkleben. Den Körper des Schmetterlings braun, die Flügel in Lila gestalten; die Vögel werden orange hinterklebt. Der Drachen wird rot gestaltet, sein Schweif und die Papierdreiecke sind blau. Augen und Mund werden aus schwarzem Tonpapier ausgeschnitten und nachträglich aufgeklebt; ebenso die Fenster des Flugzeugs und die Punkte auf den Schmetterlingsflügeln. Jetzt können Sie die Einzelteile des Innenzylinders zusammenkleben.

Aus dem Regenbogentransparentpapier schneiden Sie dann vier Stücke für den Außenschirm zu. Die Vorlage für das Stadtmotiv viermal auf schwarzes Tonpapier übertragen und ausschneiden.

Geben Sie an den Seiten des Motivs immer einen 1 cm breiten Streifen Tonpapiers hinzu, damit keine Lücken zum Rahmen hin entstehen. Diese Randstreifen verschwinden beim Aufkleben hinter der Winkelleiste.

Schließlich kleben Sie das Stadtmotiv jeweils auf ein Stück Regenbogentransparentpapier auf – und zwar so, dass der größte Teil des blauen Bereichs unten, der grüne oben liegt. Zum Schluss werden die Außenschirmelemente von hinten gegen die Winkelleisten geklebt.

Orientalische Stadt bei Nacht

Für das Gegenstück zur »Stadt bei Tag« wurde hier eine orientalische Stadtsilhouette gestaltet. Am Nachthimmel »tummeln« sich Mond, Sterne, Fledermaus und ein Gespenst.

Vorlagenbogen Seite A

Das wird gebraucht

- Dekorlack, schwarz (Gestell)
- Fotokarton, schwarz (Innenzylinder)
- Tonpapier, schwarz (Zylinderwand/Außenschirmmotiv)
- Transparentpapier, gelb, rot und weiß (Innenzylinder)
- Regenbogentransparentpapier, blau/lila (Außenschirm)

So wird's gemacht

Das fertige Lampengestell (zur Technik siehe Seite 4ff.) mit schwarzem Dekorlack streichen, anschließend die Elemente für den Innenzylinder herstellen (zur Technik siehe Seite 7ff.) und an der Zylinderwand nach Vorlage die Motive ausschneiden.

Für die zahlreichen Sterne (die genaue Anzahl bleibt Ihnen überlassen) fertigen Sie am besten eine Schablone an.

Dazu übertragen Sie die Vorlagen auf festen Karton und schneiden Sie aus. Mit dieser Schablone beliebig viele Sterne auf den Tonpapierstreifen zeichnen. Denken Sie daran, alle Motive auf der Außenseite des Zylinders anzuzeichnen, damit sie sich nachher in die richtige Richtung drehen! Bleistiftreste werden mit einem Radiergummi entfernt.

Sterne, Mond und Sternschnuppe werden mit gelbem, das Gespenst mit weißem und die Fledermaus mit rotem Transparentpapier hinterklebt. Die Augen von Mond und Fledermaus wie auch das Gesicht des Gespensts müssen extra aus schwarzem Tonpapier ausgeschnitten und nachträglich auf das Motiv aufgeklebt werden. Drei der ausgeschnittenen schwarzen Sterne können Sie nach Wunsch als Verzierung auf die Gespensterkutte setzen.

Zum Schluss kleben Sie auf die vier Außenschirmwände aus Regenbogentransparentpapier jeweils das Motiv der orientalischen Stadt auf – und zwar in die blaue Hälfte, sodass der Himmel lilafarben über der Stadt liegt.

• Tipp •

Die Innenzylinder der beiden Städte lassen sich selbstverständlich problemlos vertauschen, sodass die orientalische Stadt bei Tag, die westliche bei Nacht erscheint. Oder Sie fertigen beide Zylinder an und setzen dann nach Belieben den jeweiligen »Himmel« ein.

Meeres-aquarium

Vorlagenbogen Seite B

Der ganze Reichtum des Meeres zieht an den üppigen Wasserpflanzen auf dem Außenschirm vorüber.

Das wird gebraucht

Dekorlack, blau (Gestell)
Fotokarton, blau (Innenzylinder)
Tonpapier, blau (Zylinderwand) und schwarz (Außenschirmmotive)
Transparentpapier, blau, gelb, rosa, braun, orange, lila, rot (Innenzylinder) und evtl. grün (Außenschirm)
Regenbogentransparentpapier, gelb/blau (Außenschirm)

So wird's gemacht

Das fertige Lampengestell (zur Technik siehe Seite 4ff.) mit blauem Dekorlack streichen, anschließend die Elemente für den Innenzylinder herstellen (zur Technik siehe Seite 7ff.) und an der Zylinderwand nach Vorlage die Motive ausschneiden.

Die Delfine werden gelb, die Krake rosa, das Seepferdchen braun, der Sägefisch orange und rot, der große Fisch rosa und lila und die Wellen blau hinterklebt (siehe Foto).

Augen und Mund der Krake sowie die Schuppen des großen Fischs schneiden Sie nachträglich aus blauem Tonpapier aus und kleben Sie dann auf die Motive.

Für den Außenschirm schneiden Sie das Wasserpflanzenmotiv viermal aus schwarzem Tonpapier aus.

Nach Wunsch können Sie die Innenflächen der Wasserpflanzen mit dem Papiermesser herausschneiden und mit grünem Transparentpapier hinterkleben.

Dies ergibt, wenn die Lampe eingeschaltet ist, einen zusätzlichen schimmernden Effekt.

Die fertigen Motive werden dann jeweils auf eine der vier Außenschirmwände aus Regenbogentransparentpapier geklebt (zur Technik siehe Seite 11ff.), wobei der gelbe Bereich für

Vorlagenbogen **Seite B**

Gaby Reucher/Zauberhafte Drehlampen selber machen
ISBN 3-8043-0788-4

AUGUSTUS VERLAG, München 2000

Im Urwald
Seite 18
Innenzylinder

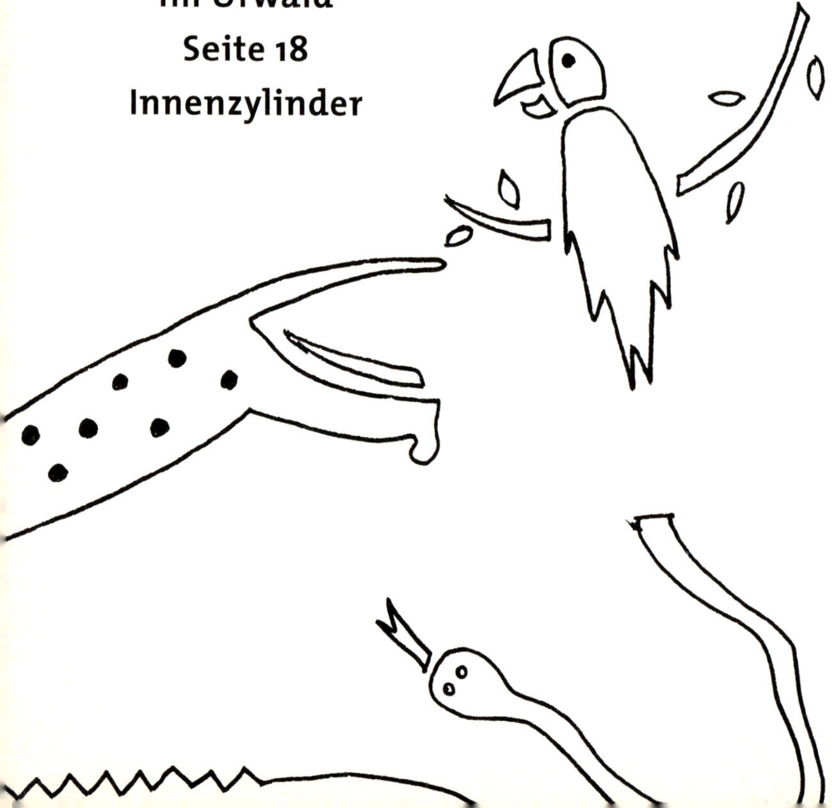

den Meeresgrund unten, der blaue für das Wasser, vorgesehen ist.

Kleben Sie die Außenschirmflächen von innen an den Eckleisten des Lampengestells fest.

• Tipp •

Klebereste lassen sich in leicht angetrocknetem Zustand mit einem Radiergummi vom Papier entfernen.

Im Urwald

Vorlagenbogen Seite B

Der Dschungel ist voller Überraschungen ... Immer wieder tauchen andere Tiere auf.

Das wird gebraucht

Dekorlack, grün (Gestell)
Fotokarton, schwarz (Innenzylinder)
Tonpapier, schwarz
(Zylinderwand/Außenschirmmotive)
Transparentpapier, grün, braun, orange, gelb, blau, rot und lila (Innenzylinder)
Regenbogentransparentpapier, grün/gelb (Außenschirm)

So wird's gemacht

Das fertige Lampengestell (zur Technik siehe Seite 4ff.) mit grünem Dekorlack streichen, anschließend die Elemente für den Innenzylinder herstellen (zur Technik siehe Seite 7ff.) und an der Zylinderwand nach Vorlage die Motive ausschneiden.

Die Urwaldtiere sind nicht ganz einfach auszuschneiden, weil manche Motive mehrteilig sind und dazwischen nur dünne Stege stehen bleiben. Achten Sie deshalb darauf, dass Ihr Papiermesser eine scharfe Klinge hat, damit die dünnen Stege nicht reißen.

Jetzt werden die Tiere mit Transparentpapier in folgenden Farben hinterklebt: grün das Krokodil, gelb die Giraffe, der Affe braun, die Liane, an der er hängt, orange, der Gepard orange, die Papageien rot und blau, die Schnäbel orange, die Schlange lila, die Zweige braun und die Blätter grün.

Die Augen der Tiere und die Punkte auf dem Fell des Gepards müssen extra aus schwarzem Tonpapier ausgeschnitten und nachträglich auf das Transparentpapier geklebt werden.

Für die Außenschirmwände (zur Technik siehe Seite 11ff.) schneiden Sie die Urwaldbäume in vierfacher Ausführung aus schwarzem Tonpapier aus.

Kleben Sie die Motive so auf das Regenbogenpapier, dass die grüne Seite unten liegt.

Die Lianen werden extra ausgeschnitten und zum Schluss, vom oberen Rand herabhängend, aufgeklebt.

• Tipp •

Augen oder Punkte, die gleich groß sein sollen, lassen sich einfach auch mit einem Locher ausstanzen. Das erleichtert die Arbeit erheblich.

Katzentraum

Vorlagenbogen Seite A* (Stadt bei Tag, Orientalische Stadt)

Wovon wohl Katzen nur zu träumen wagen? Dieser süße Traum besteht - natürlich – aus vielen verlockenden Mäuschen, einem gut aussehenden jungen Kater, begleitet von Fledermaus, Mond und Sternen und ein paar Wolken.

Das wird gebraucht

- Dekorlack (Gestell)
- Fotokarton, schwarz (Innenzylinder)
- Tonpapier, schwarz (Zylinderwand/Außenschirmmotive)
- Transparentpapier, gelb, orange, weiß, braun und rosa (Innenzylinder)
- Regenbogentransparentpapier, rot/gelb (Außenschirm)

So wird's gemacht

Das fertige Lampengestell (zur Technik siehe Seite 4ff.) nach Wunsch mit klarem Dekorlack streichen, anschließend die Elemente für den Innenzylinder herstellen (zur Technik siehe Seite 7ff.) und an der Zylinderwand nach Vorlage die Motive ausschneiden.

Die kleinen Mäuse hinterkleben Sie dann mit rosafarbenem, die Fledermaus mit braunem, den Kater mit orangefarbenem, die Wolken mit weißem und Mond und Sterne mit gelbem Transparentpapier.

Auf die vier Außenschirmwände aus Regenbogentransparentpapier (zur Anfertigung siehe Seite 11ff.) jeweils das Motiv »Katze auf der Fensterbank« aus schwarzem Tonpapier aufkleben – und zwar so, dass die gelbe Seite unten, die rote Fläche oben liegt (siehe auch Foto).

Unterwegs mit der Eisenbahn

Vorlagenbogen Seite C und A (Stadt bei Tag)

Ob alte Lok, Personenzug oder moderner ICE – Eisenbahnfans und chronisch vom Fernweh Geplagte finden hier bestimmt das passende Motiv. Außer den Zügen »rauschen« noch Schienen, Berge, Wolken und eine Sonne an der Bahnschranke vorbei.

Das wird gebraucht

Dekorlack, blau (Gestell)
Fotokarton, schwarz (Innenzylinder)
Tonpapier, schwarz (Zylinderwand/Außenschirmmotive)
Transparentpapier, braun, weiß, rot, grün, gelb und blau (Innenzylinder)
Regenbogentransparentpapier, lila/blau (Außenschirm)

So wird's gemacht

Das fertige Lampengestell (zur Technik siehe Seite 4ff.) mit blauem Dekorlack streichen, anschließend die Elemente für den Innenzylinder herstellen (zur Technik siehe Seite 7ff.) und an der Zylinderwand nach Vorlage die Motive ausschneiden.

Berge, Wolken, der Rauch der Dampflok und der ICE werden mit weißem Transparentpapier hinterklebt, ebenso die Dächer des – ansonsten roten – Personenzuges. Die Schienen und Räder der Züge sind braun, die alte Lok wird blau angelegt, die angehängten Wagen sind grün. Für die Sonne wurde – naheliegend – Gelb gewählt. Beim ICE kleben Sie noch einen dünnen Streifen roten Transparentpapiers der Länge nach über den Zug. Außerdem müssen sämtliche Fenster extra aus schwarzem Tonpapier ausgeschnitten und aufgeklebt werden. Damit diese gleich groß ausfallen, empfiehlt es sich, hierfür eine Schablone aus festem Karton anzufertigen.

Beim Ausschneiden des Schrankenmotivs für die Außenschirmwände sollten Sie darauf achten, dass die Schienen nur aus ganz dünnen Streifen bestehen. Am besten benutzen Sie dazu ein Lineal und ziehen das Papiermesser an der Kante des Lineals entlang.

Kleben Sie das Motiv jeweils auf eine Außenschirmseite aus Regenbogenpapier auf, wobei der lilafarbene Bereich unten liegt und nach oben hin in Blau übergeht. Bei einer Höhe von etwa 15 cm können auf einer Seitenwand aus Regenbogentransparentpapier durchaus auch drei Farben vorkommen.

Im Dinopark

Vorlagenbogen Seite C

Mit dieser Drehlampe unternehmen Sie einen Streifzug in eine archaische, nur von Sauriern bevölkerte Landschaft.

Das wird gebraucht

Dekorlack, gelb (Gestell)
Fotokarton, schwarz (Innenzylinder)
evtl. Tonpapier, gelb (Lamellenrad)
Tonpapier, schwarz
(Zylinderwand/Außenschirmmotive)
Transparentpapier, braun, grün, blau,
rosa und weiß (Innenzylinder)
Regenbogentransparentpapier,
rosa/orange (Außenschirm)
Wackelaugen

So wird's gemacht

Das fertige Lampengestell (zur Technik siehe Seite 4ff.) mit gelbem Dekorlack streichen, anschließend die Elemente für den Innenzylinder herstellen (zur Technik siehe Seite 7ff.) und an der Zylinderwand nach Vorlage die Motive ausschneiden. Zur Gestaltung der Landschaft können Sie noch schmale Bogen für Hügel und Berge ausschneiden, die dann mit weißem Transparentpapier hinterklebt werden (siehe Foto).

Verwenden Sie für den kleinen Saurier blaues, für den großen grünes Transparentpapier. Der Flugsaurier wird braun angelegt und der große Saurier mit Rückenkamm in Rosa. Die Augen der Tiere müssen extra aus schwarzem Tonpapier ausgeschnitten oder gestanzt und nachträglich aufgeklebt werden. Das Motiv auf dem Außenschirm zeigt eine Geröll-Landschaft, auf der die Saurier ihre Spuren hinterlassen haben. Aus der Höhle am rechten Rand gucken ein Paar aufgeklebte Wackelaugen hervor. Bringen Sie das Motiv auf jeder Seite des Außenschirms aus Regenbogentransparentpapier so an, dass die orangefarbene Fläche unten, die rosafarbene oben liegt.

• Tipp •

Die Verzierung des Lamellenrads kann einen zusätzlichen Schmuck für Ihre Lampe darstellen. Schneiden Sie hierfür z. B. aus gelbem Tonpapier eine schneckenförmige Spirale mit einem Durchmesser von 7 cm aus. Diese wird oben auf das Rad geklebt.

Happy birthday!

Vorlagenbogen Seite D

Eine bunte Geburtstagsmischung, kombiniert mit Torte und Rose, an der man bestimmt auch nach dem Festtag noch seine Freude haben wird.

So wird's gemacht

Das fertige Lampengestell (zur Technik siehe Seite 4ff.) mit rotem Dekorlack streichen, anschließend die Elemente für den Innenzylinder herstellen (zur Technik siehe Seite 7ff.) und an der Zylinderwand aus schwarzem Tonpapier nach Vorlage die Geburtstagsmotive ausschneiden. Hier ist es besonders wichtig, dass Sie die Motive auf der Außenseite der Zylinders aufzeichnen, damit sich der Schriftzug »Happy Birthday« auch lesbar von rechts nach links bewegt. Für die zahlreich verstreuten Herzen empfiehlt es sich, Schablonen aus stabilem Karton anzufertigen; sie werden mit rotem Transparentpapier hinterklebt. Das Hufeisen legen Sie gelb an, die Kleeblätter hellgrün, die Schleife

Das wird gebraucht

- Dekorlack, rot (Gestell)
- Fotokarton, blau (Lamellenrad)
- Tonpapier, schwarz, rot, weiß und grün (Zylinderwand/Außenschirmmotive)
- Transparentpapier, dunkelgrün, hellgrün, gelb, rosa, rot, lila, blau und orange (Innenzylinder)
- Regenbogentransparentpapier, gelb/orange (Außenschirm)
- Filzstifte

über dem Schriftzug erscheint in Dunkelgrün. Für die Kerzen bieten sich verschiedene Farben an, z. B. Lila und Rosa, wobei die Flammen in Orange – mit gelbem Strahlenkranz – gehalten sind. Schließlich werden die Geschenkpäckchen mit grünem und blauem Transparentpapier hinterklebt, den Schriftzug gestalten Sie in Lila und Rosa.

Ist der Innenzylinder fertiggestellt, schneiden Sie aus weißem Tonpapier nach Vorlage vier Torten für die Außenschirmwände aus und verzieren diese mit rotem und schwarzem Filzstift nach eigenem Geschmack. Eine Möglichkeit ist es auch, die Initialen des Geburtstagskindes einzuzeichnen. Für die Torte fertigen Sie je drei Kerzen aus rotem Tonpapier an. Auch die Vasen und Rosenblüten werden aus rotem Tonpapier ausgeschnitten. Für den Stiel verwenden Sie grünes Tonpapier.

Pro Seite werden nun zunächst jeweils eine Torte und eine Vase auf einen schmalen schwarzen Tonpapierstreifen aufgeklebt. Anschließend erst bringen Sie das Arrangement so auf dem Regenbogentransparentpapier an, dass die gelbe Fläche unten liegt. Zum Schluss die Kerzen auf der Torte, den Blumenstiel und zuletzt jeweils die Rosenblüte festkleben.

Vier Jahreszeiten

Vorlagenbogen Seite A und D (Stadt bei Tag)

Diese Lampe ist etwas aufwändiger zu basteln, weil jede Seite auf dem Außenschirm entsprechend der Jahreszeit anders gestaltet ist. Auf dem Innenzylinder sind passende Motive für den Lauf der Natur zusammengestellt.

Das wird gebraucht

- Dekorlack, schwarz (Gestell)
- Fotokarton, schwarz (Innenzylinder)
- Tonpapier, schwarz, weiß, braun, grün, blau, rot, gelb und blau (Zylinderwand/Außenschirmmotive)
- Transparentpapier, weiß, rot, rosa, hellgrün, dunkelgrün, orange, blau, gelb und braun (Innenzylinder)
- Regenbogentransparentpapier, gelb/blau und gelb/orange (Außenschirm)
- Filzstifte

So wird's gemacht

Das fertige Lampengestell (zur Technik siehe Seite 4ff.) mit schwarzem Dekorlack streichen, anschließend die Elemente für den Innenzylinder herstellen (zur Technik siehe Seite 7ff.) und an der Zylinderwand aus schwarzem Tonpapier nach Vorlage die jahreszeitlich wechselnden Motive ausschneiden.

Innenzylindermotive

Wolken, Schneekristalle und Schneeball werden mit weißem Transparentpapier hinterklebt, die Sonne legen Sie gelb, die Gräser hellgrün, die Blumenstiele dunkelgrün an. Die Blüten können verschiedenfarbig, z. B. in Blau, Orange und Rot, gestaltet werden.

Für die Herbstblätter bieten sich Grün und Braun an. Rosarot fallen die Regentropfen aus den Wolken, orangefarbene Vögel ziehen über den Himmel, und ein roter Drachen mit blauem Schweif tanzt munter im Wind.

Am schwierigsten auszuschneiden ist das Kind mit dem Schneeball, weil Sie hier ganz feine Linien mit einem scharfen Papiermesser ziehen müssen.

Die Kleidungsstücke und das Gesicht werden verschiedenfarbig mit Transparentpapier hinterklebt. Auch das erfordert einiges Fingerspitzengefühl. Wem das zu kniffelig ist, der sollte auf das Motiv verzichten.

Außenschirm

Die Außenschirmwände (zur Anfertigung siehe Seite 11ff.) gestalten Sie mit unterschiedlichen Regenbogentranspa-